RILASSANTI MANDALA OCEANICI

Libro da colorare per adulti
con scene marine antistress e creative per il massimo relax

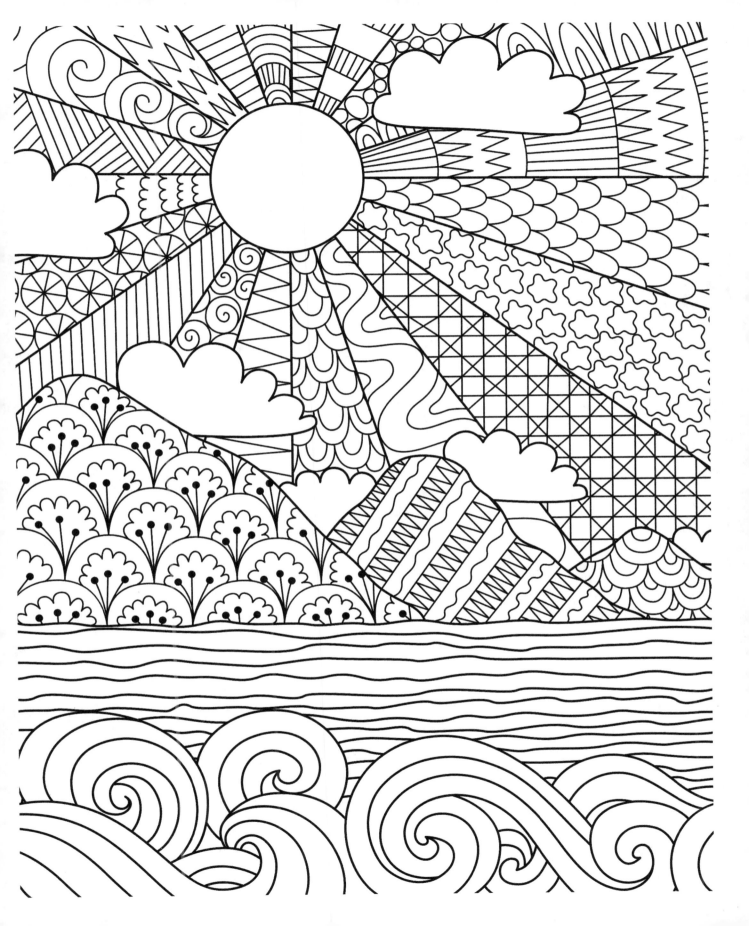

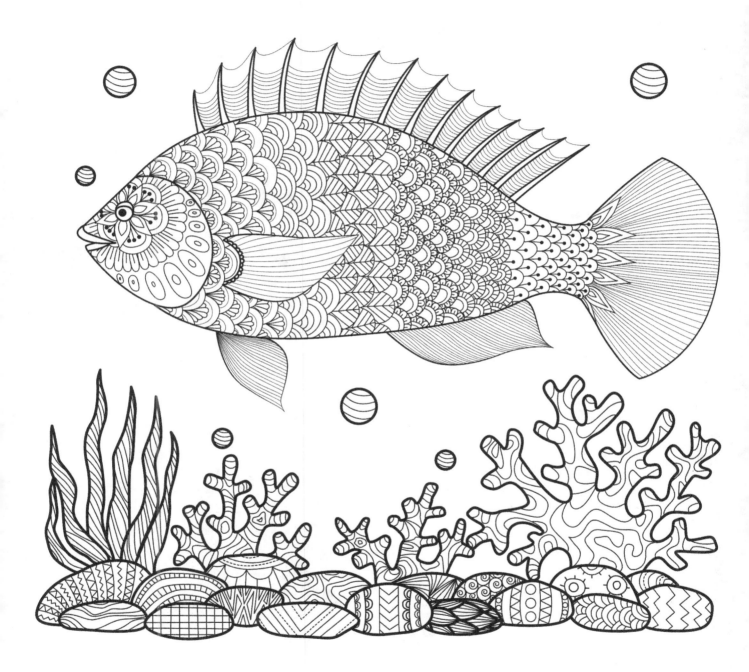

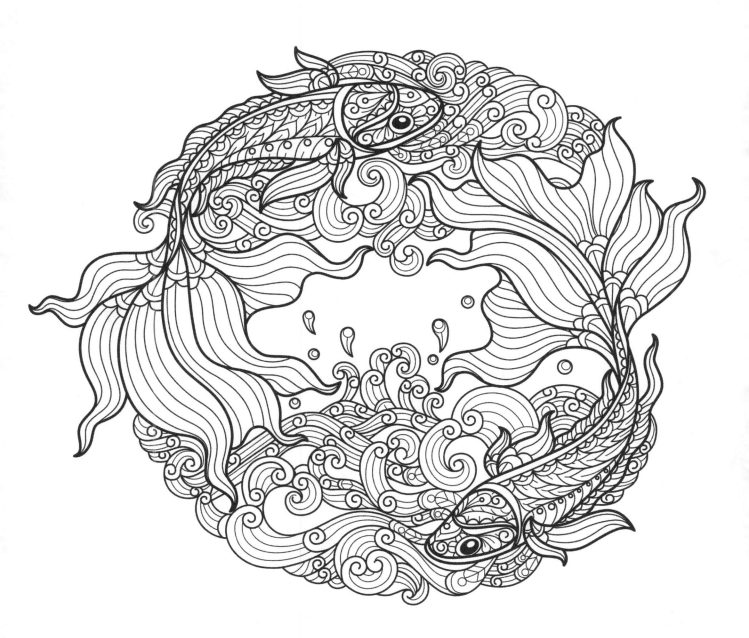

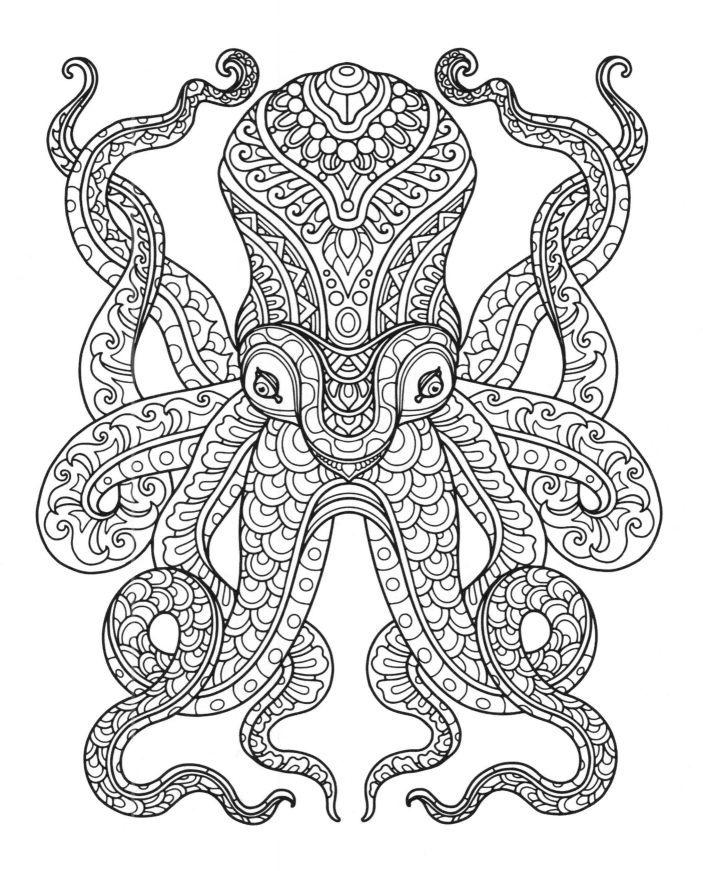

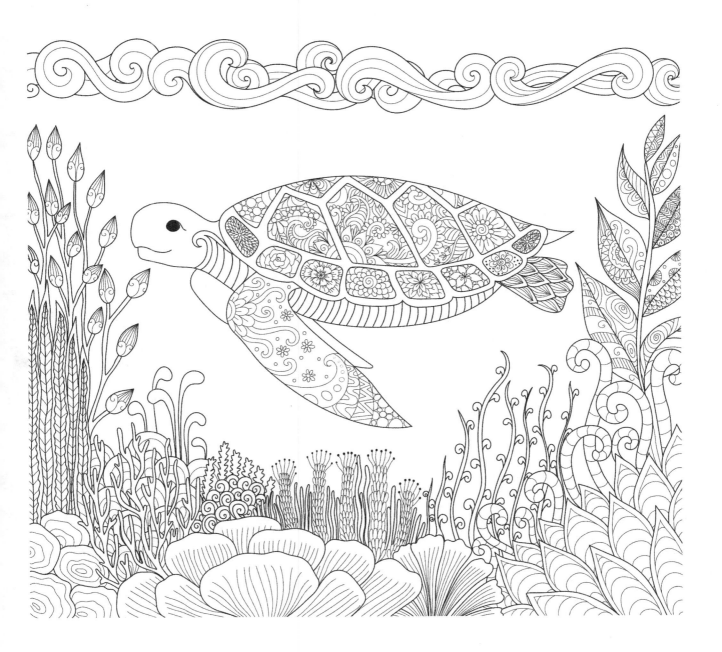

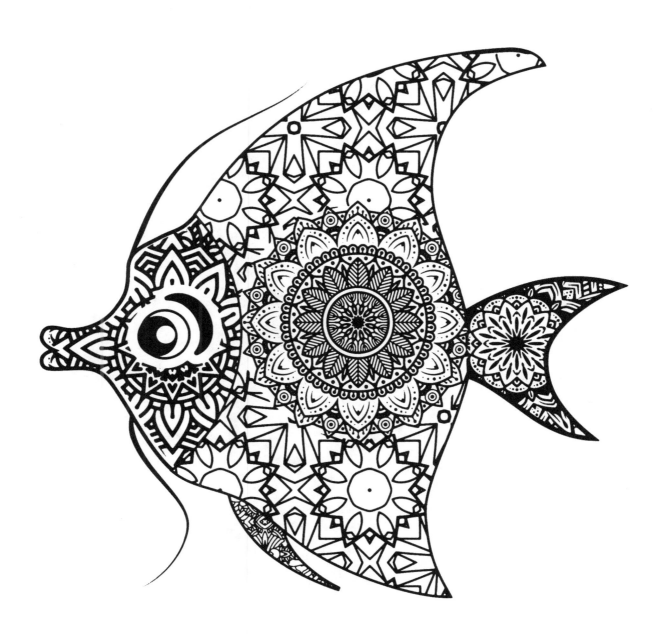

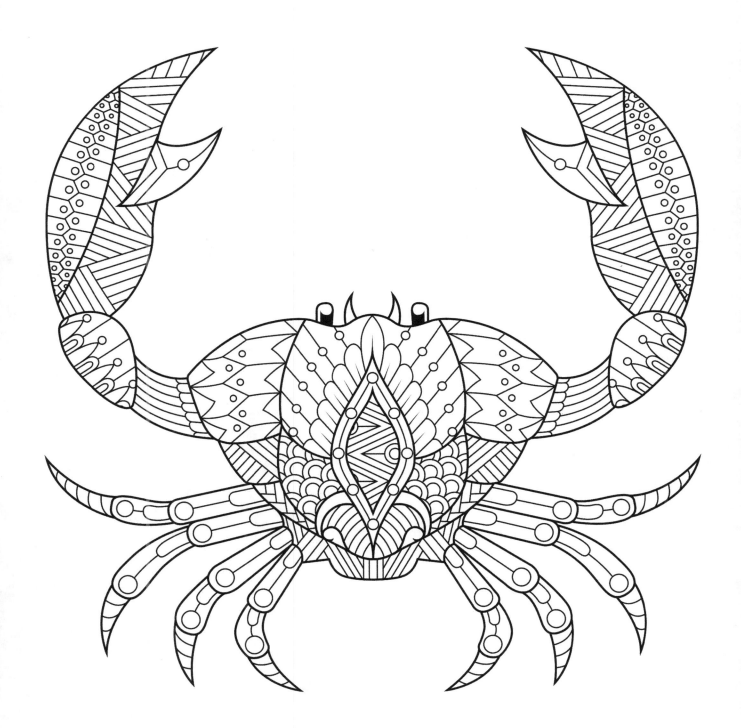

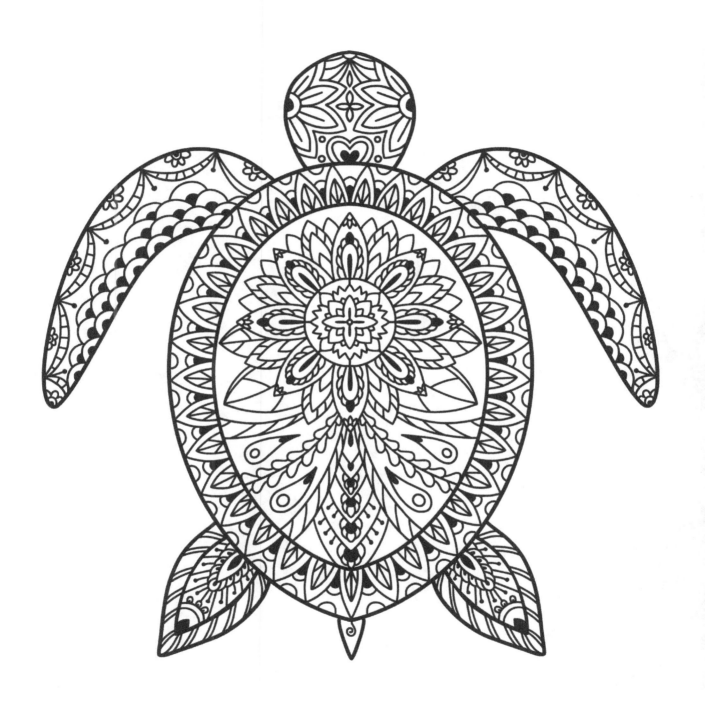

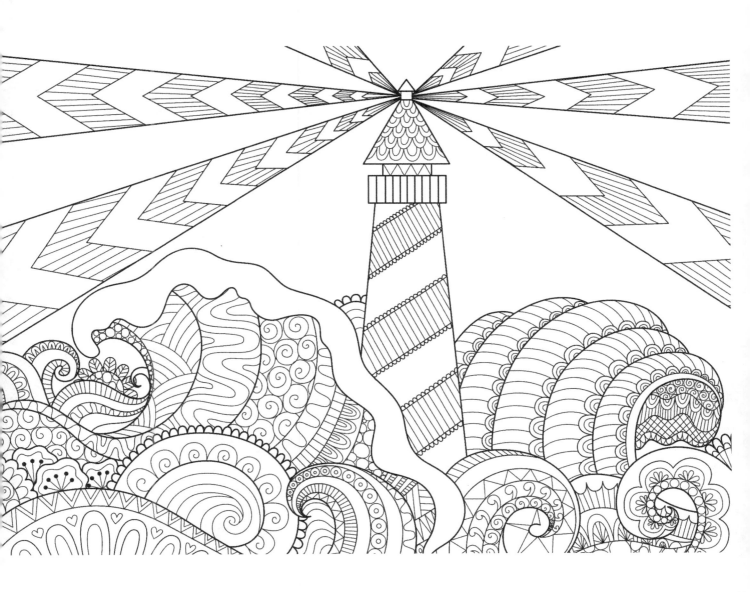

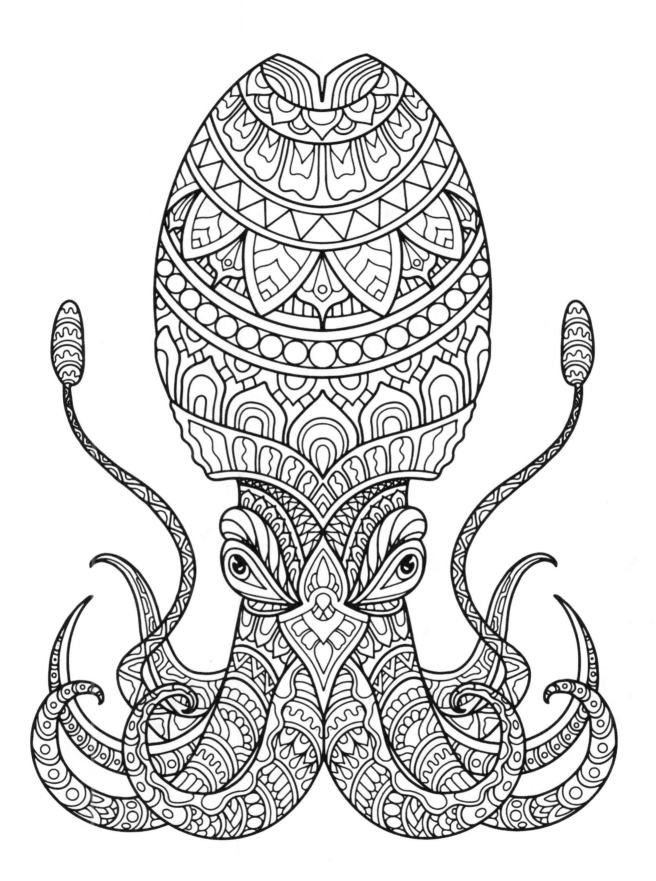

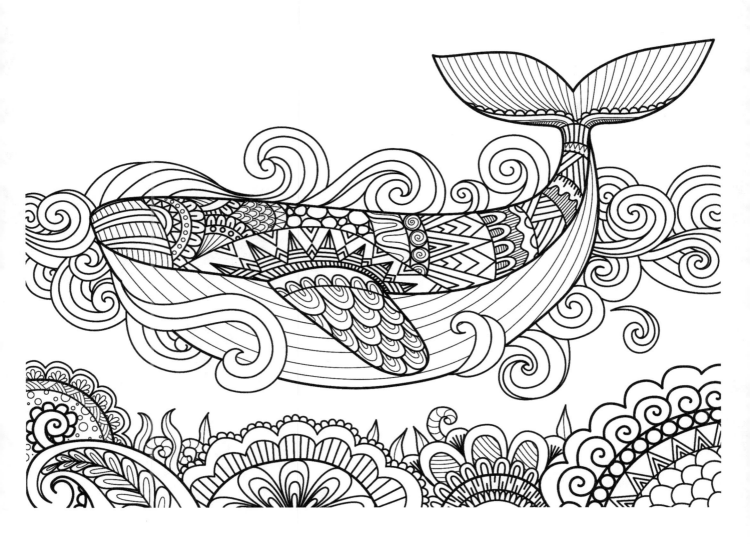

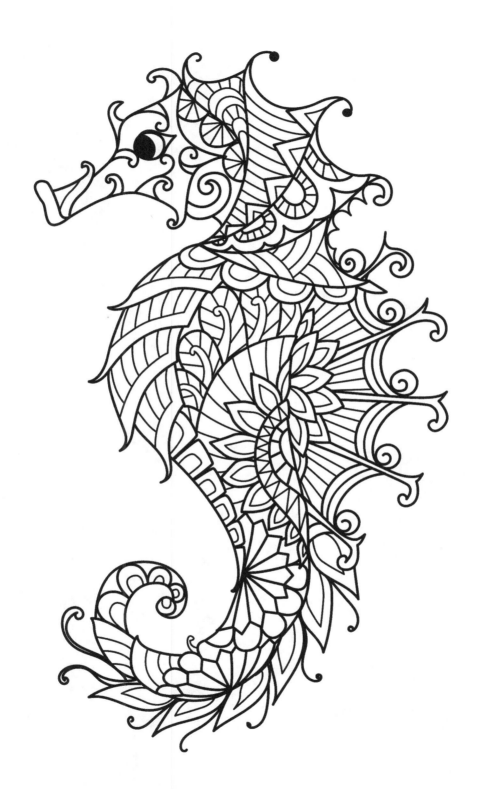

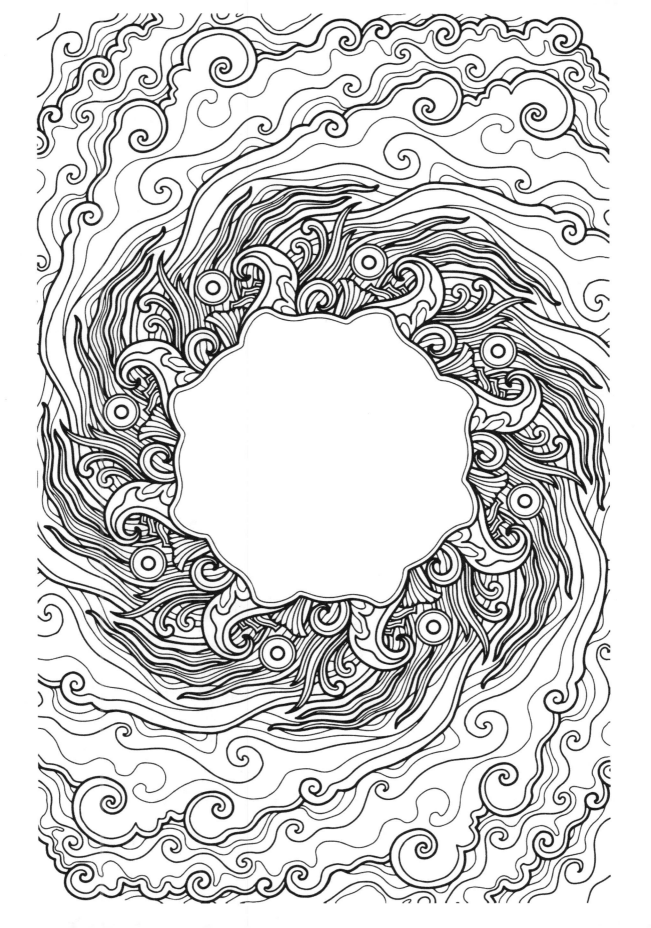

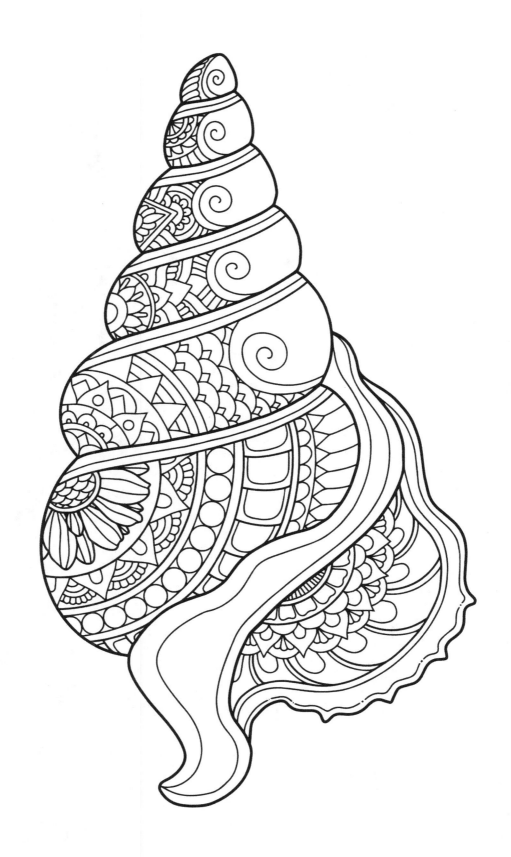

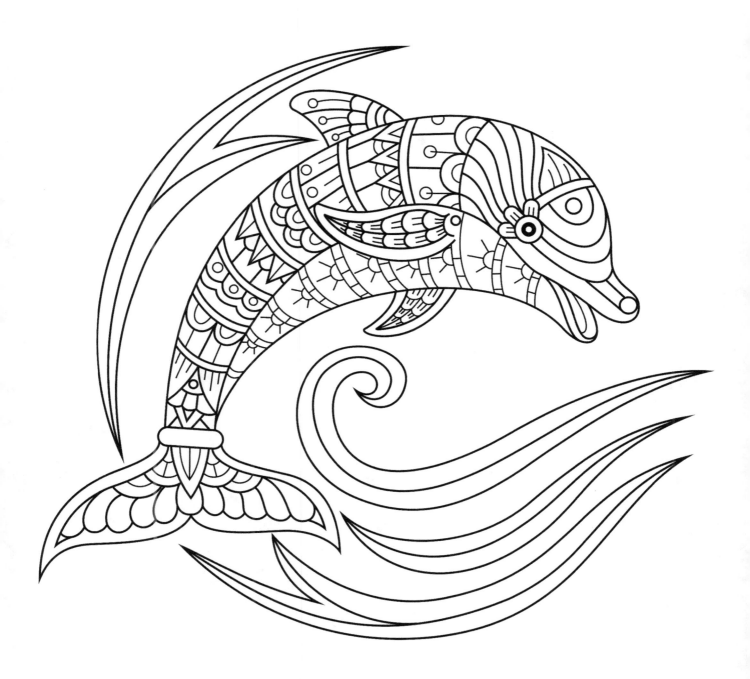

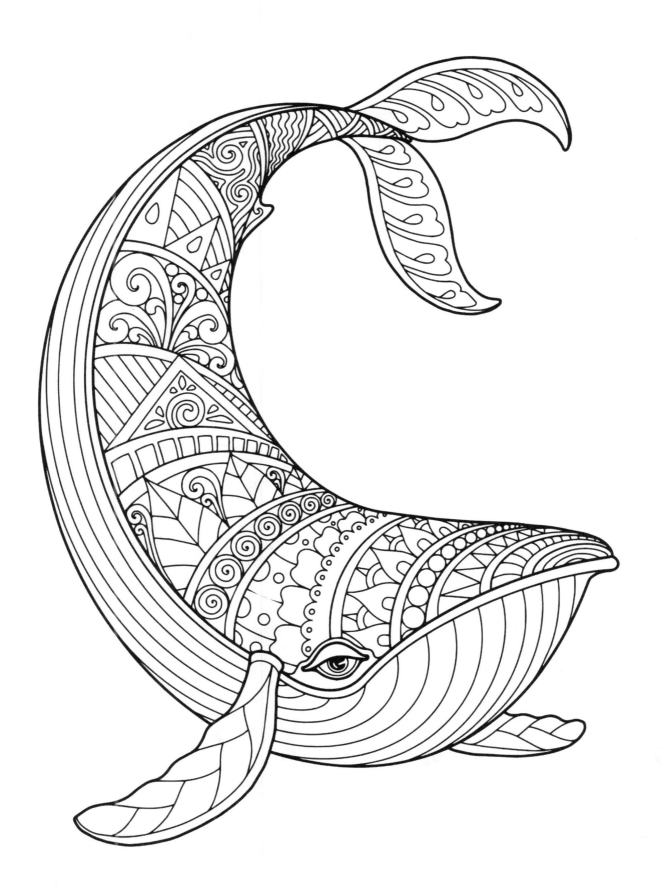

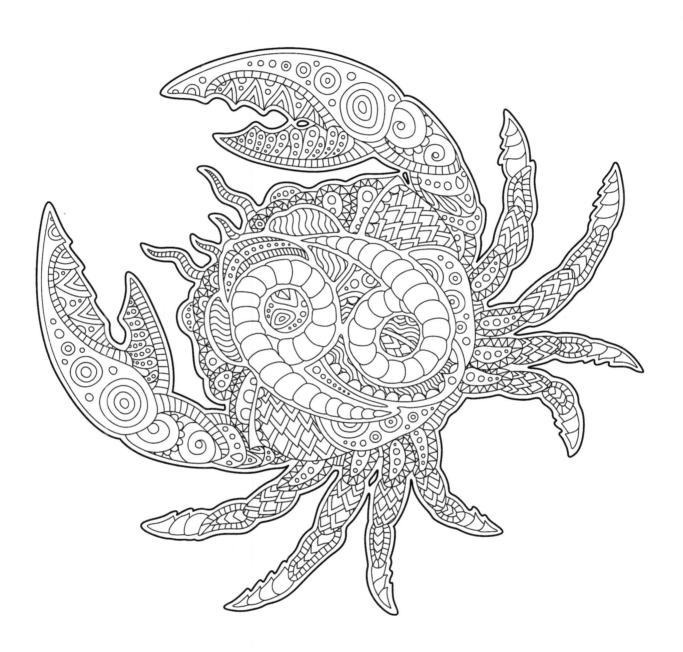

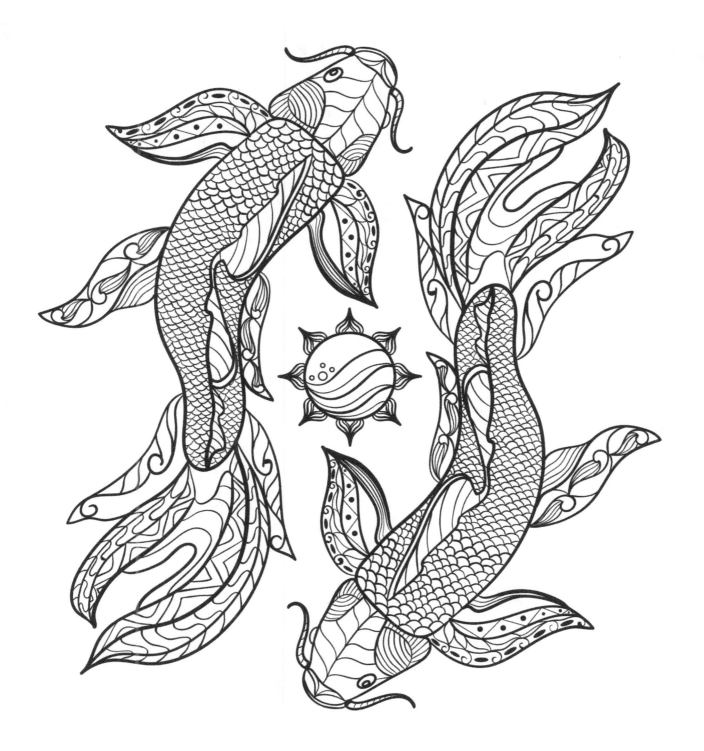

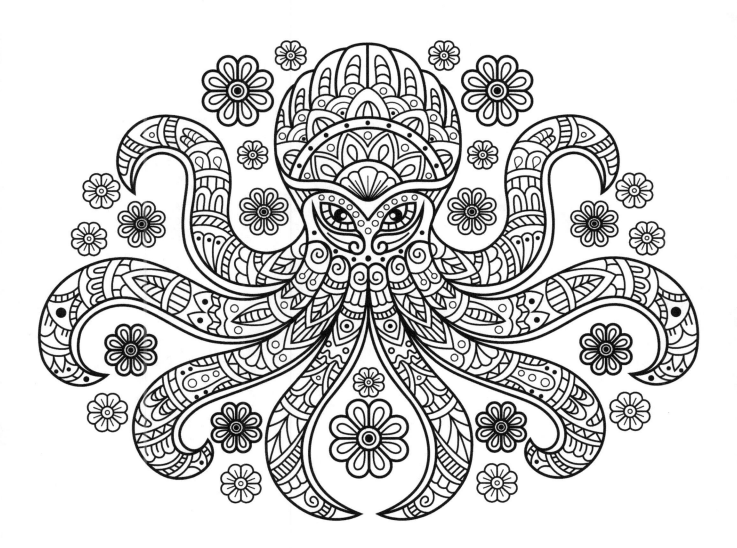

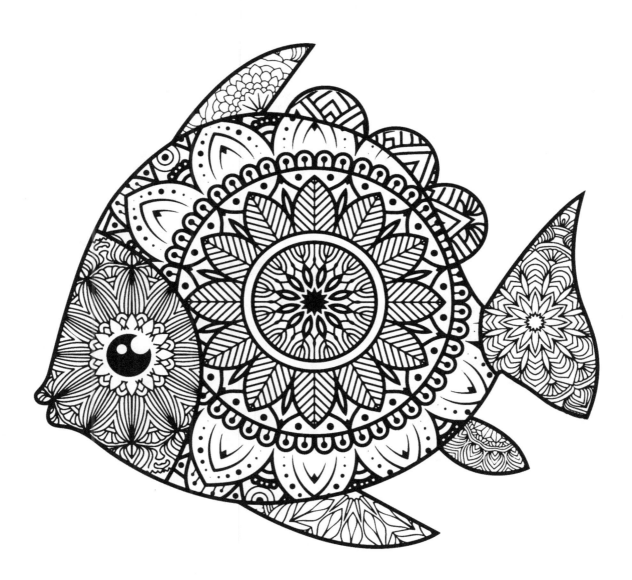

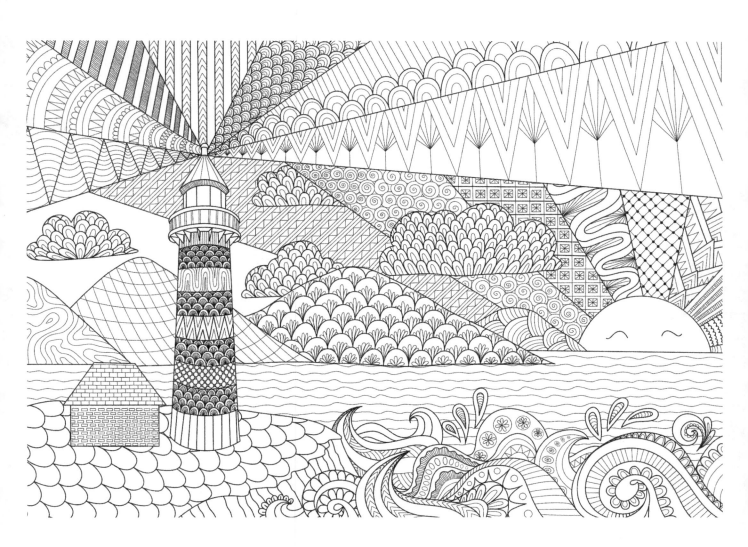

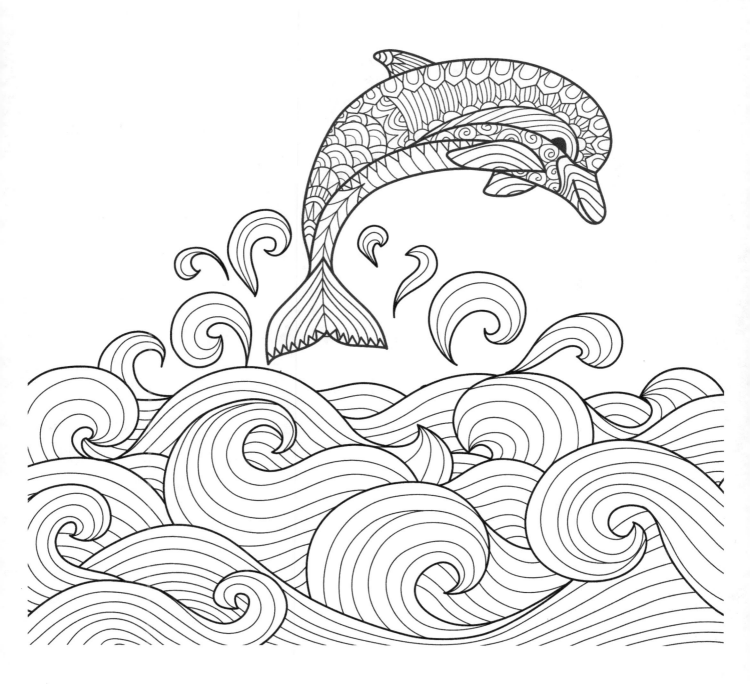

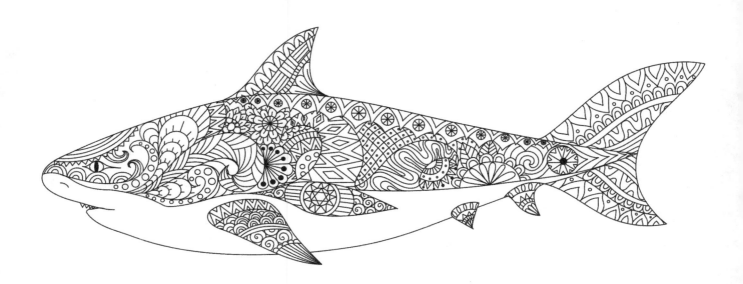

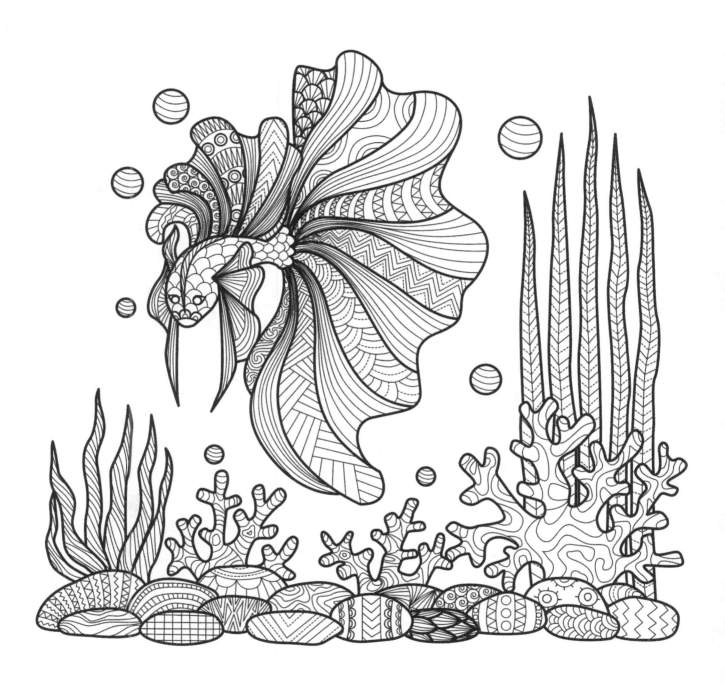

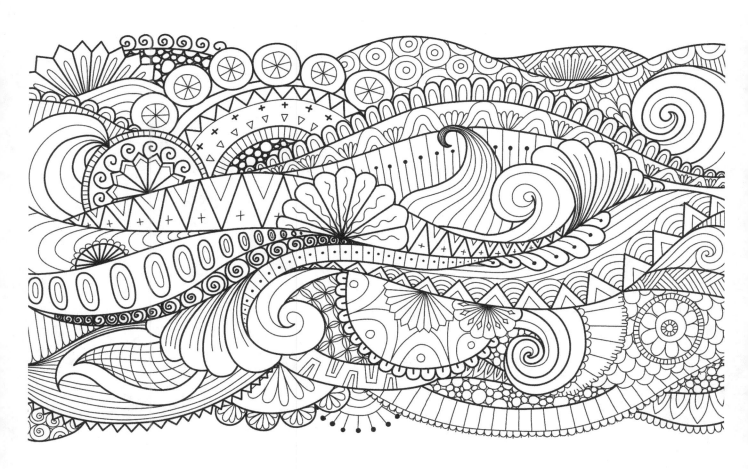

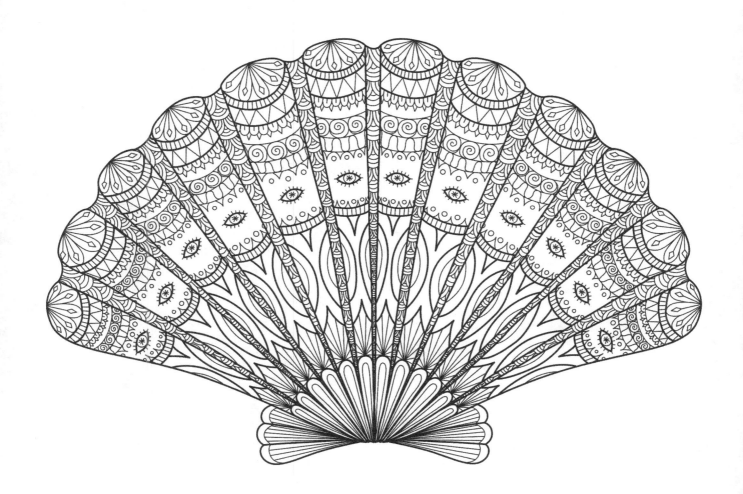

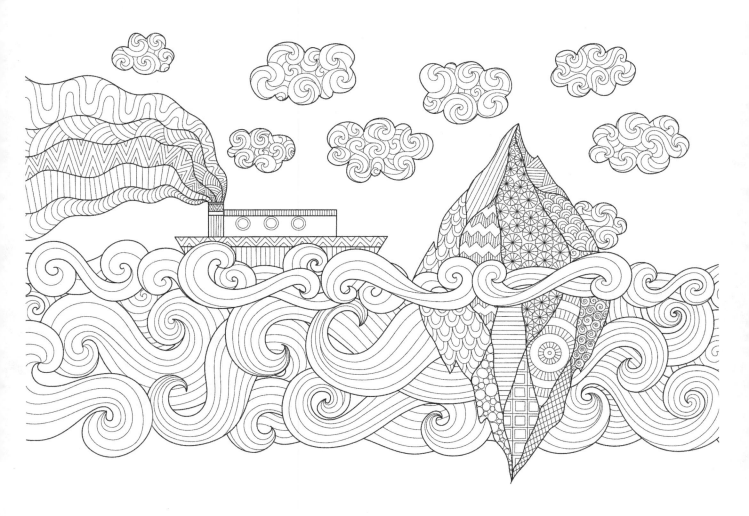

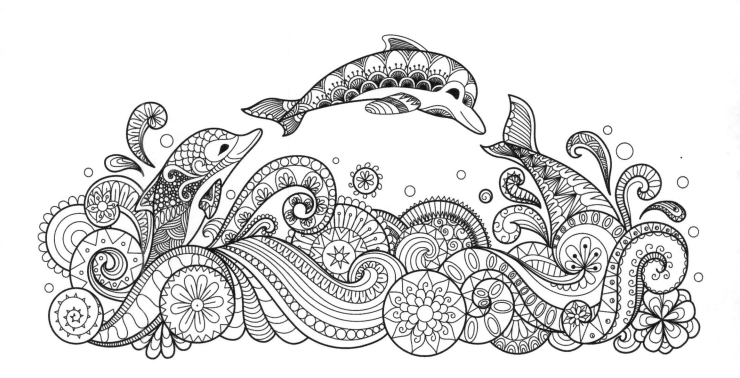

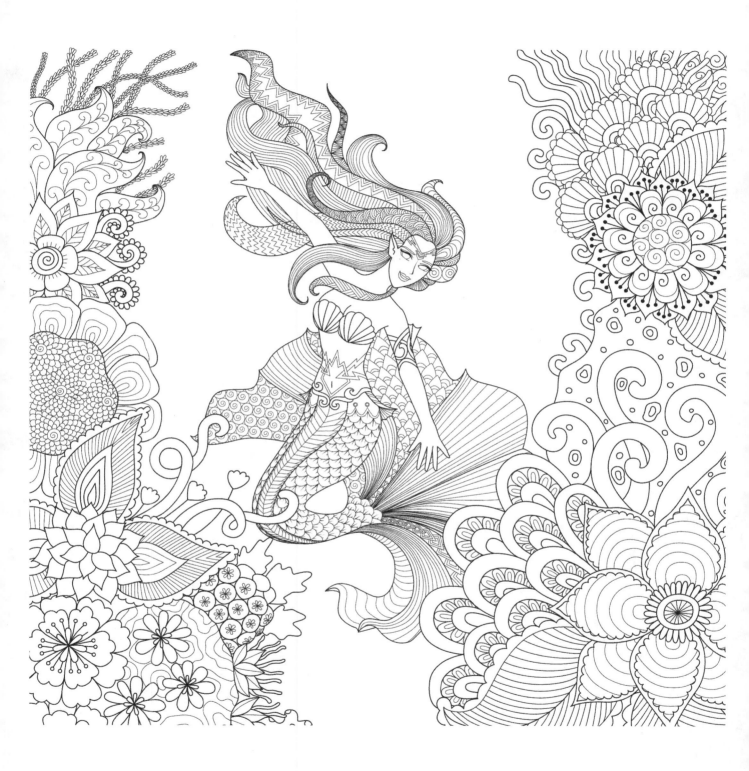

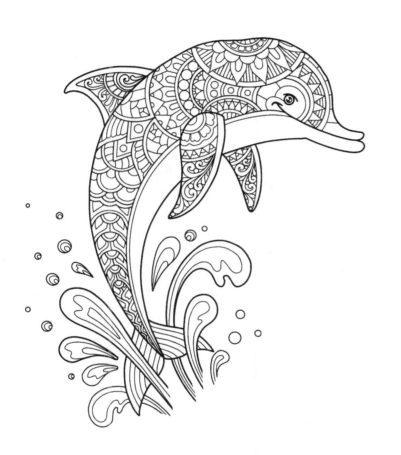 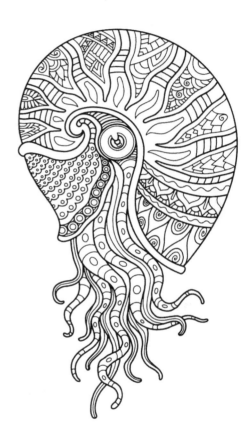

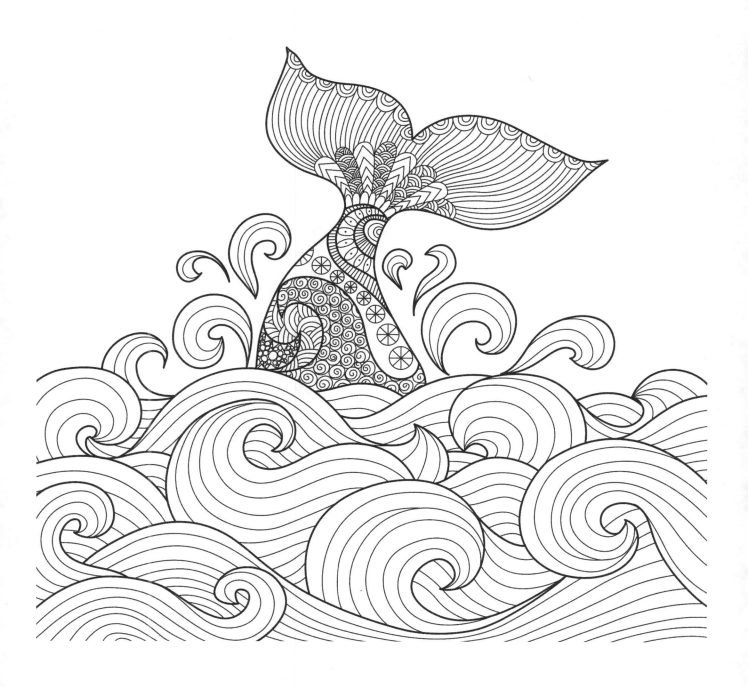

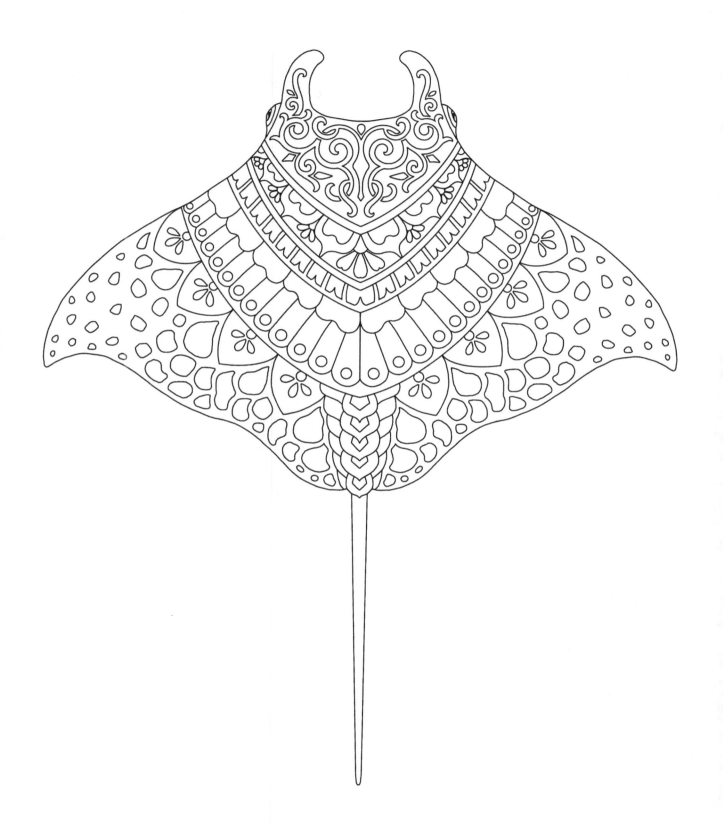

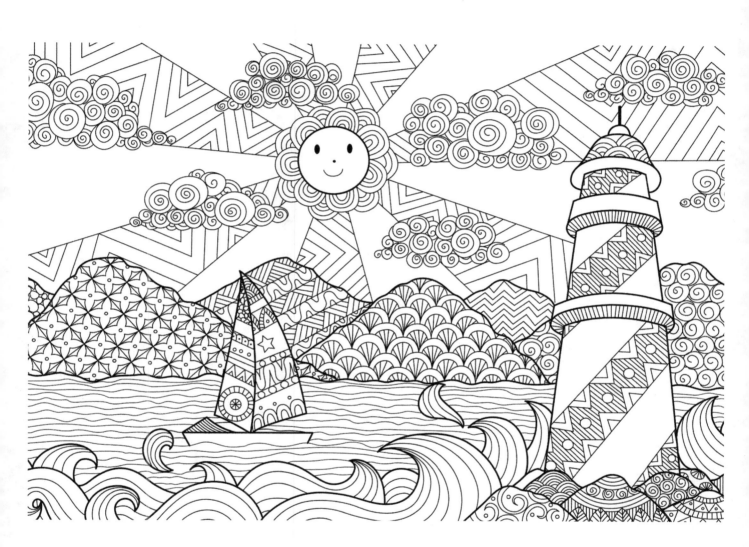

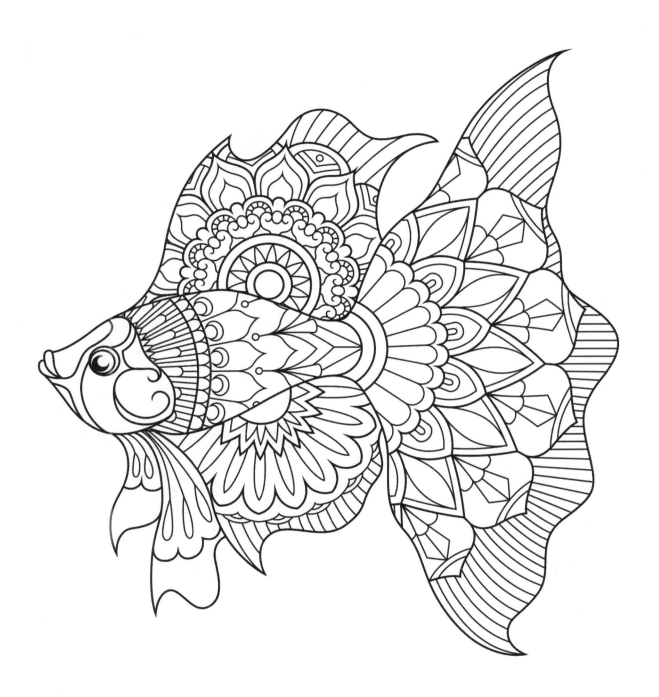

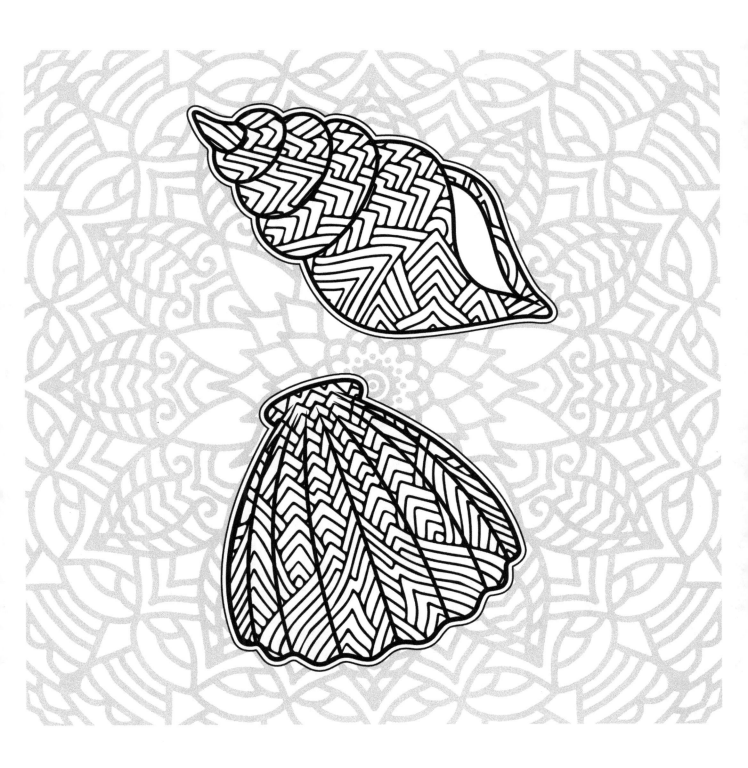

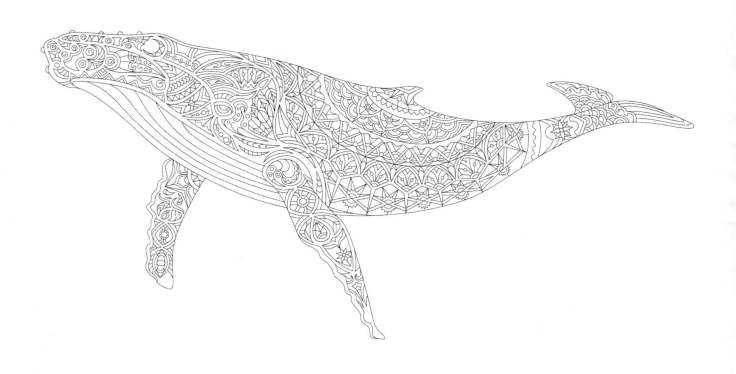

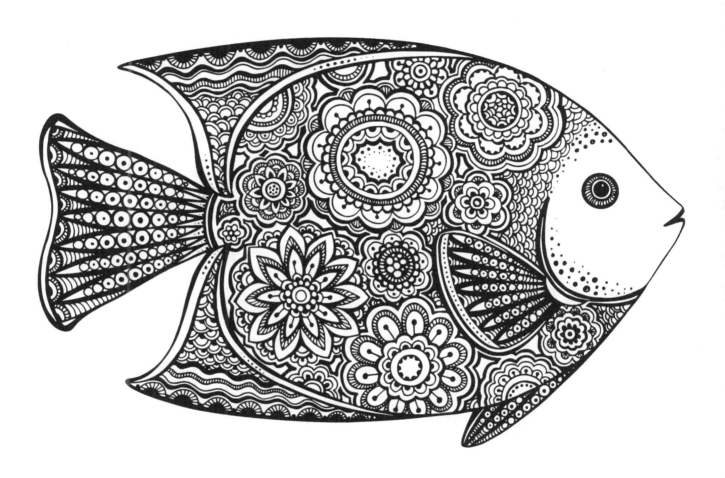

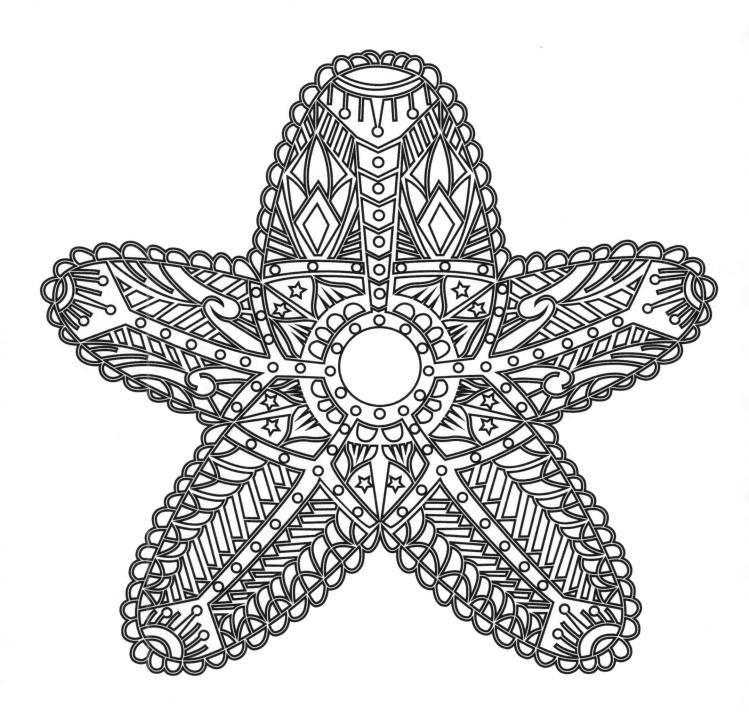

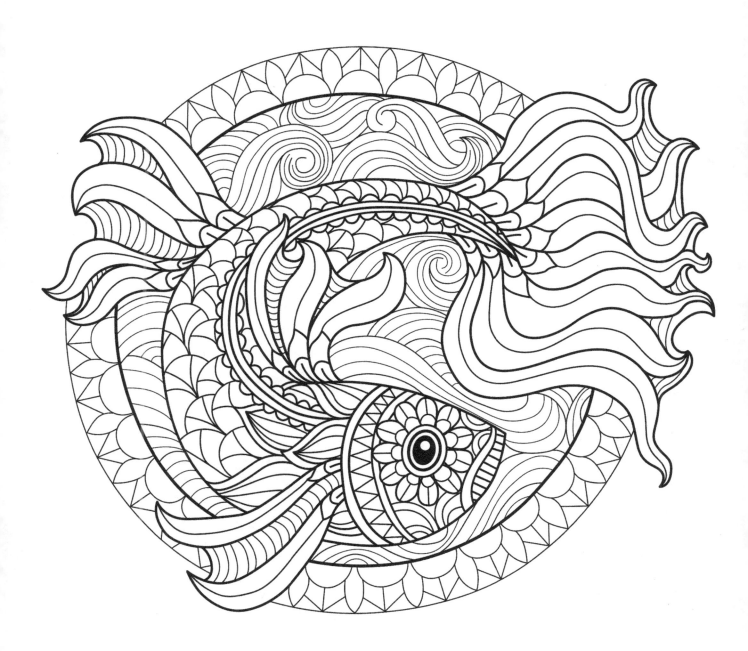

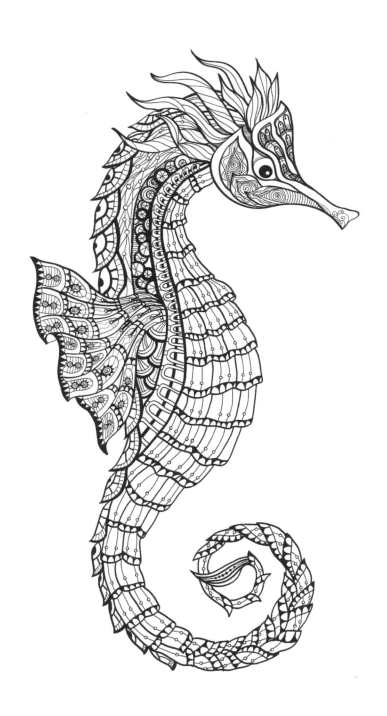

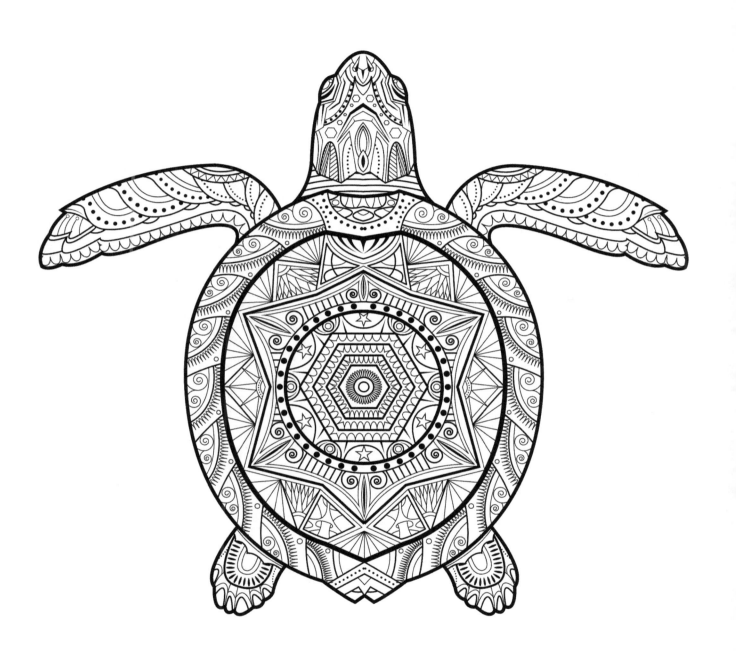

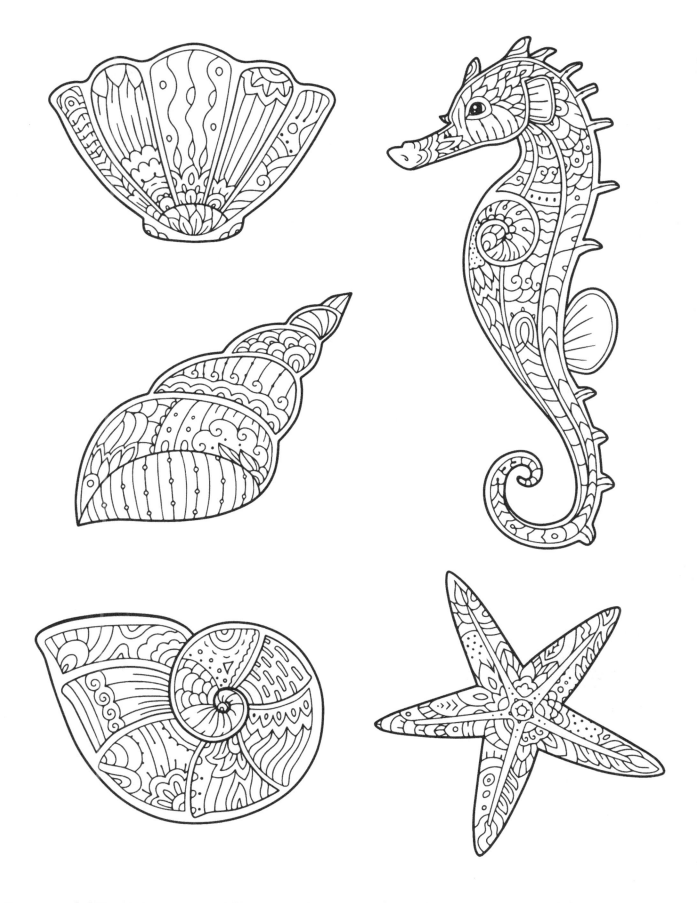

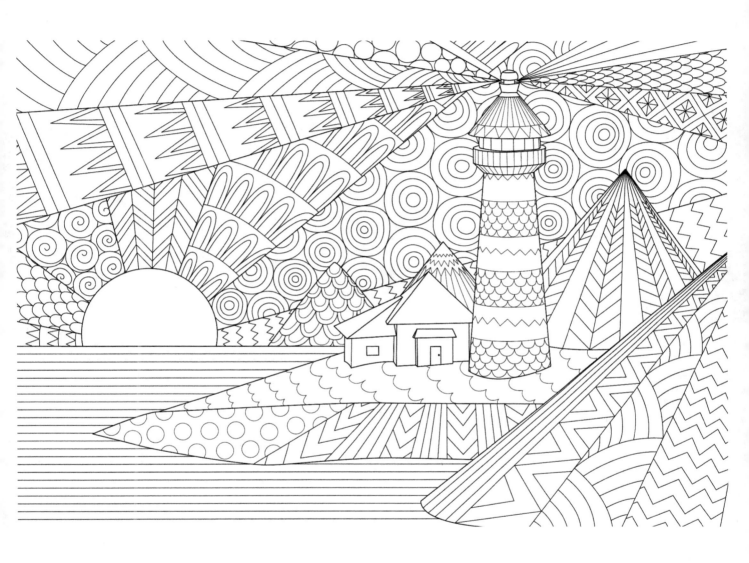

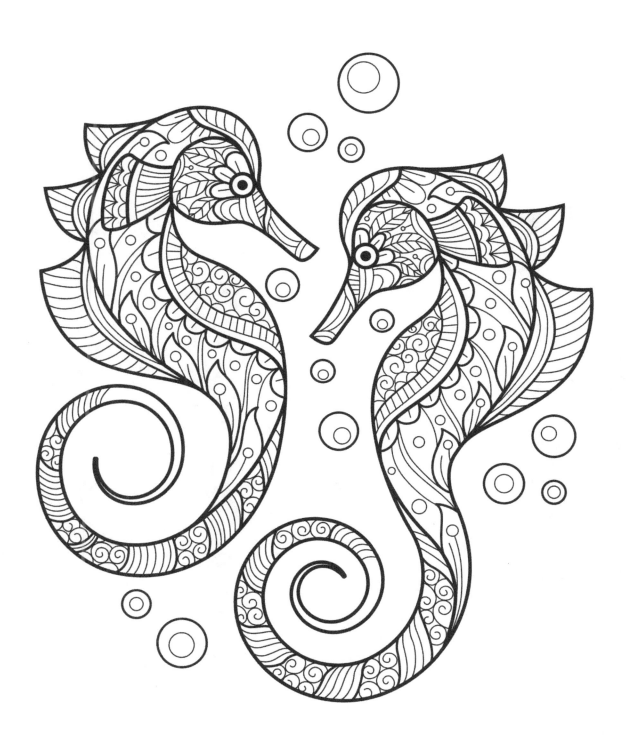

CPSIA information can be obtained
at www.ICGtesting.com
Printed in the USA
BVHW020915020523
663429BV00010B/268